Einfach mal loslassen

Leichter werden, leichter leben

Ausgewählt und zusammengestellt
von Ilka Osenberg-van Vugt

für Steffi

Febr. 2016

Wer Ballast abwirft,
kann Neues aufnehmen.

Hans Lohberger

Die Welt einmal draußen lassen

Warum nicht auch einen Frühjahrsputz für
die Seele machen: Kostbare Erinnerungen
polieren, stumpf gewordene Einsichten blank
wienern, alte Gewohnheiten abstauben, über-
flüssige Grübeleien entsorgen. Und sich am
Ende fühlen wie ein neuer Mensch.

Tina Willms

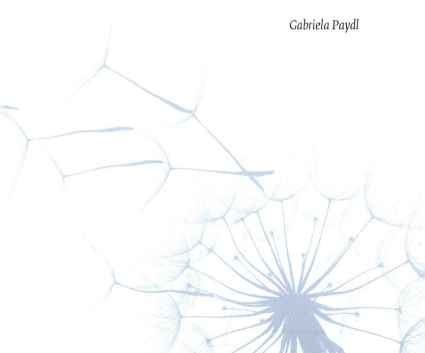

FÜR EINE WEILE

Für eine Weile
den Alltag
beiseite schieben
nach innen horchen
die Welt draußen lassen
einfach abtauchen
Verbundenheit spüren
ankommen
am Ort
meines Friedens
ankommen
für eine Weile
bei mir

Gabriela Paydl

ENGELLEICHT

die ersten Sonnenstrahlen
haben mich geweckt
neben mir liegt
ein schlafender Engel
und hält meine Hand

ich hoffe du verstehst
flüstere ich leise
aber ich muss mir
für heute heimlich
deine Flügel ausleihen

ich will mich
ganz leicht nehmen

Cornelia Elke Schray

Sich Zeit schenken

heute
habe ich mir Zeit geschenkt
eine Stunde sechzig Minuten
3600 Sekunden
ganz langsam bin ich
in den Garten gegangen
habe still sehr still
an einer Rose gerochen und
danach ein Gespräch
mit einer Biene angefangen
sie hatte viel zu erzählen
als sie summend weiterflog
hörte ich die Ewigkeit
mit den Flügeln schlagen

morgen
werde ich mir Zeit nehmen
und dem Apfelbaum zuhören
ich freue mich darauf

Cornelia Elke Schray

VIEL UND LEICHT

Von allem viel. Viel Birne, viel Zwetschge. Viel
Traube, viel Pfirsich. Viele Tomaten. Viel
Rascheln der vielen trockenen Blätter. Viel
Haschen der vielen kleinen Katzen. Viel
Duft von viel Harz der vielen Pinien. Viel
Wind in den vielen Oliven. Viel Silber. Viel
Rauschen. Viel Blau in den vielen Hügeln. Viel
Glanz. Viel Wärme. Viel Reife. Viel Glück.

Vor allem leicht. Wie leicht sich das erntet. Leicht
löst sich die Birne, die Zwetschge, der Pfirsich. Leicht
trennt das Messer vom Weinstock die Traube. Leicht
knurrend naht sich die Katze. Sie läßt sich leicht
die Beute abnehmen. Es schreibt die Rechte: Leicht
gesperbert, die helle Brust des Vogels, so leicht
in der Linken. Die Flügel sehr dunkel. Darin leicht
gekurvte, gelbe Handschwingen. Ein Zeisig vielleicht.

Robert Gernhardt

Den Gedanken nachträumen

AUF NIMMERWIEDERSEHEN

Die Füße baumeln lassen
In einen kühlen Bach
Über die Blumenwiesen laufen
Wie ein Kind
Vierblättrigen Klee suchen
Schmetterlinge fangen
Oder Grashüpfer
Alle Sorgen ganz vorsichtig
Mit spinnwebfeiner Seide
An ihre langen Beine binden
Und sie dann
Fliegen und hüpfen lassen
Auf Nimmerwiedersehen

Carola Vahldiek

Dem Wispern
der Grashalme folgen,
den Geschichten
von hier und da
und ganz weit fort,
die sie meinen Fußsohlen
erzählen
und die Gedanken
schweifen lassen
feldein
feldaus
und über den Tagesrand
hinaus

Isabella Schneider

IM AUGENBLICK

Die wichtigste Stunde
ist immer die Gegenwart,
der bedeutendste Mensch
ist immer der,
der dir gerade gegenübersteht,
und das notwendigste Werk
ist immer die Liebe.

Meister Eckhart

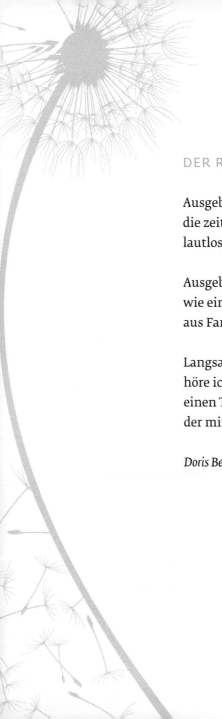

DER RUF

Ausgebreitet die Tage
die zeitlosen
lautlosen

Ausgebreitet die Tage
wie ein Teppich
aus Farben

Langsam zu mir gekommen
höre ich in der Ferne
einen Ton
der mir gleicht

Doris Bewernitz

Nichts tun müssen

LEBENSLUST

Heut ist der Himmel blau
ich liege da und schau
die Äste wiegen sich
ganz sacht im Wind und ich
find ausnahmsweise nichts dabei
zu tun als wär ich frei

Heut stehn die Uhren still
ich mache was ich will
mein kleines Leben ist
nur eine kurze Frist
ein kostbar kleines Glückspaket
wer weiß wann es vergeht

Doris Bewernitz

KUNSTSTÜCK

Alle Bälle
auf einmal
in der Luft halten:
Kinderlachen,
Knie zerschrammte,
Kochlöffelgeschichten,
Kalender-hier-und-da,
und vor lauter Kunterbunt
oft nicht mehr wissen,
wo mir selbst dabei
eigentlich der Kopf steht.
„Komm mal runter",
flüstert der Bauch ihm zu,
„und mach halblang.
Dann treffen wir uns wieder –
auf Herzenshöhe."

Isabella Schneider

AUS DER ZEIT TRETEN

Aus der Zeit treten –
sich vorstellen können,
es gäbe kein Unglück,
keine Ängste,
keine Gefahren –
nur Frühling,
blühendes Leben,
sonnenglänzende Landschaften,
baugläserner Himmel,
grenzenlos,
ohne jedes Weh'.
Aus der Zeit treten
in jenen Winkel deines Herzens,
von dem niemand etwas weiß,
nur dir gehörend.
Ein Ort jenseits der Realität,
wo Träume wachsen,
nichts unmöglich ist,
die Vernunft keinen Zugang hat
und Augenblicke endlos sind.
Aus der Zeit treten
um Kraft zu schöpfen,
an Wunder zu glauben,
und loslassen zu können.

Gudrun Martin

Ein Ort, der nur mir gehört

ENDLICH

Endlich alles lassen können
nicht mehr jagen, nicht mehr rennen

irgendwo in Ruhe stehen
und sich selbst im Spiegel sehen

sitzen, träumen, sich bescheiden
aufhörn, andre zu beneiden

fern, ganz fern die Pforte ahnen
nicht mehr fliehen aus den Bahnen

leise werden, Augen schließen
bis die Ströme wieder fließen

nichts mehr wollen, nichts mehr hoffen
und die Pforte steht weit offen ...

Ute Latendorf

Wölkchen zupfen

SOMMERFRISCHE

Zupf dir ein Wölkchen aus dem Wolkenweiß,
Das durch den sonnigen Himmel schreitet.
Und schmücke den Hut, der dich begleitet,
Mit einem grünen Reis.
Versteck dich faul in der Fülle der Gräser.
Weil's wohltut, weil's frommt.
Und bist du ein Mundharmonikabläser
Und hast eine bei dir, dann spiel,
was dir kommt.
Und lass deine Melodien lenken
Von dem freigegebenen Wolkengezupf.
Vergiss dich. Es soll dein Denken
Nicht weiter reichen, als ein Grashüpferhupf.

Joachim Ringelnatz

WOLKE

Übermütig
Zaust der Wind
An deiner Frisur
Kleine Wolke
Und du scheinst eifrig bemüht
Sie wieder zurechtzuzupfen

Lächelnd schaue ich
Bis der Wind
Auch meine
Übermütig verwirbelt
Mir alle Gedanken
Aus dem Kopf pustet
Bis ich ganz und gar
Ich selbst bin
Zerzaust und froh

Carola Vahldiek

WOLKENWALFISCH

Am Himmel ist ein Walfisch aufgezogen
Er schwimmt nicht, nein,
er kommt geflogen!
Sein Maul frisst Himmelsbläue
und seine Flossen
sind watteweich gewebt,
es ist ein Wolkenwattewalfisch
der dort am Sommerhimmel schwebt.

Hermine Geißler

Bis zum Horizont

AM STRAND

Vor Augen den Horizont,
in den Ohren ein Rauschen,
auf den Armen ein Salzhauch
und unter den Füßen
warmer Sand.

Atmen.
Spüren.
Da-Sein.

Fast ist es,
als löse mir einer
die Sorgen
von der Seele
und fülle mich
bis an den Rand
mit Dank.

Tina Willms

HINTER DEN HORIZONT

ich sitze am meer
sitze nur
und schaue
lasse meine gedanken los
in den wind
blicke
auch ohne brille
hinter den horizont

Doris Wohlfarth

BEIM GEHEN

In dir laufen
schneller als du
die Gedanken

treten ins Freie
atmen tief ein
wandern ins Weite

tasten nach Wolken
streifen den Himmel
berühren den Horizont

kehren zurück
legen sich schimmernd
dir ans Herz

Tina Willms

Ballast abwerfen

WIE HANS IM GLÜCK

Loslassen,
eintauschen
abwerfen.

Etwas leichter gehen:
ohne den Ballast von gestern
im Schlepptau,
ohne die Sorgen vom Vortag
auf den Schultern,
ohne den Staub der Jahre
auf der Seele.

Weiterziehen
in Richtung
Zuhause.

Tina Willms

KLEINE ÜBUNG

Wenn mein Leben eine Reise ist, wo bin ich
gerade? Steht ein Abschied mir bevor?
Brauche ich alle meine Kräfte zum Loslassen?
Sammle ich meinen Mut für das, was vor mir
liegt? Was sind meine Hoffnungen?
Was meine Befürchtungen?
Oder bin ich schon lange unterwegs?
Welche Erfahrungen habe ich gemacht?
Welche Enttäuschungen gab es?
Welche Überraschungen? Was habe ich über
mich erfahren? Was über andere?
Oder bin ich bereits nahe am Ziel?
Was erwartet mich da? Habe ich es vielleicht
schon erreicht? Wie werde ich begrüßt,
 wie aufgenommen? Ist es ein Ort zum Bleiben?
Oder steht mir bald schon
ein neuer Abschied bevor?

Klaus Nagorni

Panta Rhei

In einem Tal schlängelte sich ein mächtiger Fluss hindurch. Er speiste die Wälder, spendete Erfrischung und nährte das Leben um ihn herum. Eines Tages aber merkte der Fluss, dass sein Wasser weniger wurde, und er bekam es mit der Angst zu tun. „Sonne!", rief er. „Du entziehst mir zu viel Wasser. Sieh nur, wie trocken meine Ufer sind. Ab jetzt bekommst du keines mehr von mir."

Weil die Sonne ein weiser Himmelskörper ist, tat sie, worum der Fluss sie gebeten hatte. So trübte bald kein Wölkchen mehr den Himmel, und nicht ein einziger Regentropfen fiel auf die durstige Erde. Da trocknete der Fluss noch mehr aus, und er rief ein weiteres Mal: „Sonne! Was soll das! Warum lässt du es nicht regnen? Willst du mich ruinieren?"

„Das tust du längst selber", antwortete die kluge Sonne. „Aber wenn du Glück hast, verwandelst du dich bloß in einen See."

„Das will ich nicht", rief der Fluss. „Was soll ich tun?"

„Das, was du am besten kannst", erwiderte die Sonne. „Im Fluss sein."

Also ließ der Fluss von seiner Angst los. Er gab der Sonne die Erlaubnis, wieder Wasser verdunsten zu lassen, und als es zu regnen begann, schwoll er zu einem mächtigen Strom heran. Ach, wie ihn das freute! Endlich gurgelte und plätscherte es wieder in ihm, und daher achtete er

sehr darauf, kein Tröpfchen von seinem kostbaren
Gut zu verlieren. So erlangte der Fluss bald seinen
ursprünglichen Zustand zurück, und er war sehr
zufrieden damit. Jetzt würde wieder alles so sein wie
vorher. Doch dies trog. Denn nach einiger Zeit merkte
der Fluss, dass sich nun das Tal um ihn herum zu
verändern begann.

Obwohl in ihm reichlich Wasser floss, verschwanden
die Bäume, die Sümpfe trockneten aus und die Farben
des Tales verblassten.

Da rief er abermals hinauf zur Sonne: „Sieh nur, wie
herrlich das Wasser in meinem Flussbeet sprudelt, und
trotzdem stirbt das Leben um mich herum, obwohl ich
meine ursprüngliche Kraft zurückerlangt habe ...“

„Nein, das hast du nicht“, unterbrach ihn die kluge
Sonne harsch. „Du hast zwar viel Wasser in dir – aber
losgelassen hast du es nicht. Jedes Tröpfchen hältst du
zurück. Nur, weil du mächtig aussehen willst.
Dabei bist du das gar nicht. Du bist nutzlos geworden.“

„Nutzlos?“, erschrak der Fluss und erkannte, dass die
Sonne recht hatte. Er war zu sehr damit beschäftigt
gewesen, alles richtig zu machen. Und dabei nützte das
niemandem. Also ließ er los. Er ließ das Wasser los,
das er so mühsam zusammengehalten hatte. Er ließ
die Flussarme los, denen er verboten hatte, sich zu

verzweigen. Und er ließ auch von seinen Ansprüchen los – denn wer brauchte schon einen hohen Wasserstand, wenn niemand etwas davon hatte?

Dadurch kam Bewegung in den Fluss, und die Sümpfe quollen auf, die Bäume kehrten zurück und die Farben tauchten das Tal in lebendiges Licht. Jetzt plätscherte und gurgelte es in allen Ecken des Tales, und der Fluss erkannte: Dies war sein Schicksal. Auch wenn er das nicht immer verstand und es für ihn auch nicht immer einfach war. Solange er jenes tat, was er am besten konnte – nämlich im Fluss zu sein – würde alles seine Richtigkeit haben. Und darauf vertraute er.

Michaela Holzinger

Ganz leicht werden

ABHEBEN

Abheben von sich selbst
Über den Dingen
Schweben,
Sich nach der Weite
Orientieren
Dem Himmel
Eine Chance geben
Und nicht
In Sümpfen stochern

Gudrun Martin

AUFWIND

Den Schatten hinter sich
Auf Wegen
die nicht mehr im Kreise
führen
das Herz des Lebens
inwendig berühren
Vom Denkgewicht befreit:
die Seele flugbereit

Petra Marita König

Zeit für mich

URLAUB

Ich verschwende
meine Zeit.
Ich teile sie aus
mit vollen Händen.

„Hier", rufe ich
und werfe
die Minuten
zum Fenster hinaus.
Vergnügt streu ich
die Stunden
in den Wind.

Am Abend
schau ich dem Tag
ins Gesicht
und siehe:

Er lächelt.

Tina Willms

Oft merkt man gar nicht, wie viel Ballast man mit sich herumschleppt: negative Gedanken, überhöhte Erwartungen, vermeintliche Verpflichtungen, nie umgesetzte Vorhaben, die uns das Leben ganz schön schwer machen können. Was in unserem Zuhause ein Leichtes ist, nämlich einfach aufzuräumen, um wieder Platz zu schaffen, gilt auch für unsere Seele. Die federleichten Texte in diesem Buch inspirieren dazu, einmal den Kopf zu entrümpeln, und zeigen, das auch hier ein kleiner Frühjahrsputz Wunder wirken kann. Dazu sind regelmäßige Auszeiten besonders wichtig, denn sie lassen uns das Leben aus einer anderen Perspektive heraus wahrnehmen. Gerade wenn einem alles über den Kopf wächst: in solchen Pausen lässt sich viel Kraft schöpfen. Und oft erkennt man dann ganz leicht: Ist alles gut so, wie es ist? Oder gibt es vielleicht Dinge, die man verändern und loslassen möchte?
Der Schlüssel heißt Ballast abwerfen. Es reist sich viel besser mit leichtem Gepäck.

Ilka Osenberg-van Vugt

Mit Texten von:
Doris Bewernitz: S. 14, 15 © bei der Autorin. **Hermine Geißler**: S. 22 © bei der Autorin. **Robert Gernhardt**: S. 9 Viel und leicht, aus: Ders., Lichte Gedichte © Robert Gernhardt 1997. Alle Rechte vorbehalten S. Fischer Verlag GmbH, Frankfurt am Main. **Michaela Holzinger**: S. 30ff © bei der Autorin. **Petra Marita König**: S. 36 © bei der Autorin. **Ute Latendorf**: S. 19 © bei der Autorin. **Gudrun Martin**: S. 17, 33 © bei der Autorin. **Klaus Nagorni**: S. 29 Kleine Übung, aus: Ders., Das Buch der Sehnsucht, © 2009 Verlag am Eschbach der Schwabenverlag AG, Eschbach. **Gabriela Paydl**: S. 5 © bei der Autorin. **Joachim Ringelnatz** (1883–1934): S. 20. **Isabella Schneider**: S. 11, 16 © bei der Autorin. **Cornelia Elke Schray**: S. 6, 7 © bei der Autorin. **Carola Vahldiek**: S. 10, 21, 35 © bei der Autorin www.lichtgedicht.de. **Tina Willms**: S. 4, 24, 26, 27, 37 © bei der Autorin. **Doris Wohlfarth**: S. 25 © bei der Autorin.

Bildnachweis:
toberl77/istockphoto (Umschlag), **Don Pablo**/shutterstock (S. 2, 3, 23), **Sunnybeach**/istockphoto (S. 5, 6, 7, 26), **Trifonenko Ivan. Orsk**/shutterstock (S. 8), **Carla Nichiata**/istockphoto (S. 10, 11, 24, 25, 33), **Nik962**/shutterstock (S. 12, 13), **ptawka**/shutterstock (S. 14, 16, 21, 31, 36), **Kichigin**/shutterstock (S. 18, 38, 39), **Bara22**/shutterstock (S. 28, 29), **Sandy Schulze**/shutterstock (S. 34, 35)

ISBN 978-3-86917-370-2
© 2015 Verlag am Eschbach der Schwabenverlag AG
Im Alten Rathaus/Hauptstraße 37
D-79427 Eschbach/ Markgräflerland
Alle Rechte vorbehalten.

www.verlag-am-eschbach.de

Gestaltung, Satz und Repro: Angelika Kraut, Verlag am Eschbach
Schriftvorlagen: Monika Pellkofer-Grießhammer, Ahorntal
Herstellung: Süddeutsche Verlagsgesellschaft, Ulm

 Dieser Baum steht für klimaneutrale Produktion, umweltschonende Ressourcenverwendung, individuelle Handarbeit und sorgfältige Herstellung.